AF249554

L 43 b
581

NOTICES

HISTORIQUES

SUR

LE SYSTÉME

DE

LA NEUTRALITÈ ARMÉE,

ET SON ORIGINE,

SUIVIES DES PIÈCES JUSTIFICATIVES.

———

A PARIS,

Chez D E S E N N E, Libraire, Palais du
Tribunat, n°. 2.

———

AN IX.

AVANT-PROPOS.

Le renouvellement de la neutralité armée, fixant aujourd'hui l'attention de tous les politiques de l'Europe, le présent mémoire, qui vient de paraître en Angleterre, y a excité le plus vif intérêt. Trois éditions ont été enlevées en moins de quinze jours. Lord Malmesbury a témoigné l'étonnement le plus profond et le plus naïf de voir qu'on savoit les particularités les plus intimes de ses négociations en Russie, et des détails dont il ignorait une partie, et croyait l'autre ensevelie avec Catherine, Frédérick, Potemkin, Panin et Vergennes. Il s'est enquis, avec la plus grande curiosité, si l'auteur était Russe, Allemand ou Français. Un Écossais,

A 2

questionné à ce sujet, s'en est tiré avec des réponses normandes, qui ont laissé le noble Lord, le Ministère et tous les curieux, puissamment intrigués et le faisant voir, d'une manière piquante pour les observateurs, et très-satisfaisante pour les Lecteurs, qui ont trouvé dans cette circonstance une preuve évidente de la vérité des anecdotes et des détails rapportés dans ce court et intéressant mémoire.

NOTICES

HISTORIQUES

SUR

LE SYSTÊME

DE

LA NEUTRALITÉ ARMÉE,

ET SON ORIGINE;

SUIVIES DES PIÈCES JUSTIFICATIVES.

La neutralité armée forme une époque également intéressante dans l'histoire et dans la politique.

Personne n'ignore que ce systême adopté par les cours du Nord et par plusieurs autres grandes puissances de l'Europe, eut pour base et pour résultat les différens actes, les différentes

A 3

conventions qu'elles passèrent ou conclurent entr'elles pour maintenir la liberté de la navigation, et celle du commerce des Puissances neutres, pendant la guerre que l'Angleterre avoit à soutenir à-la-fois contre ses Colonies d'Amérique, la France, l'Espagne et la Hollande; mais quelle a été l'origine de la neutralité armée? Quelles sont les circonstances qui ont donné naissance à un système si contraire aux vues et aux intérêts de la cour de Londres? A qui enfin doit-on en attribuer le plan et la première idée? Voilà ce qu'il est d'autant plus intéressant de connaître et d'approfondir, qu'il paraît que jusqu'à présent le public, et même la plupart des cabinets de l'Europe n'ont eu, et n'ont même encore à cet égard que des notions vagues et des renseignemens peu fidèles.

L'opinion la plus accréditée dans le temps, celle à laquelle on paraît encore se réunir le plus généralement, c'est que Frédérick-le-Grand avait le premier conçu l'idée de la neutralité armée, en avait rédigé le plan, et l'avait fait adopter à la Russie; on fondait cette opinion: 1°. Sur la persuasion bien gratuite où l'on était que le comte de Panin, alors à la tête du Ministère à Pétersbourg , était entièrement dévoué aux intérêts de la Prusse (1) ; 2°. Sur l'empressement que l'on supposait à S. M. Prus-

------

(1) C'était l'opinion qu'on avait de ce Ministre dans presque toutes les cours de l'Europe , et il ne serait peut-être pas impossible que l'Impératrice de Russie elle-même eût partagé cette erreur; mais on peut affirmer que le comte de Panin avait des idées et des principes à lui, il y tenait infiniment , et loin d'être dirigé par les impulsions du cabinet de Berlin , lui-même aimait souvent à croire qu'il avait quelqu'influence sur l'esprit de Frédérick-le-Grand. Il se livrait d'autant plus volontiers à cette illusion, qu'elle ne pouvait que flatter son amour-propre. Au surplus, le Ministère du comte de Panin a été une des époques les plus brillantes de la Russie : ce fut au moment qu'il prit le timon des affaires , que fut conclue l'alliance entre la cour de Berlin et celle de Pétersbourg. Outre qu'il croyait cette alliance très-avantageuse pour la Russie , il était personnellement attaché à la maintenir, puisqu'il la regardait comme son ouvrage.

On peut observer, comme une circonstance assez singulière , que le dernier acte ministériel qu'ait exercé le comte de Panin , fut de signer la

sienne de saisir une occasion de se venger de
la cour de Londres , à laquelle on imaginait
qu'elle ne pouvait pardonner de l'avoir abandonnée en 1762, en faisant la paix particulière
avec la France ; on ne se donnait seulement
pas la peine de réfléchir qu'un pareil motif
n'était pas moins au-dessous de la politique
de ce grand Roi , qu'éloigné de la noblesse et
de l'élévation d'ame qui l'ont toujours carac-
térisé ; mais Frédérick, à cette époque, avait
porté au plus haut degré sa gloire ; son génie
paraissait à l'Europe étonnée , être le premier
mobile de tous les événemens ; et l'admira-
tion universelle qu'il avait si bien méritée, con-
tribua , peut-être plus que toute autre chose ,
à propager l'opinion dont on va démontrer
l'erreur.

On a tout lieu de croire qu'elle fut répandue et accréditée même à la cour de Londres
par M. le chevalier Haris (aujourd'hui lord
Malmesbury), qui était alors Ministre d'Angleterre à Pétersbourg , soit que lui - même

---

convention d'accession de la Prusse à la neutralité armée , le 27 avril , vieux style , 1781.

2 *Mai. N. S.*

partageât de bonne foi cette opinion , soit plutôt que , cherchant alors à détacher la Russie
de la Prusse, et à la porter à une alliance avec
la cour de Vienne, à laquelle l'Angleterre espérait pouvoir se joindre , il crut utile au succès de ses vues , de fomenter une opinion qui
ne pouvait qu'indisposer l'Impératrice contre
la cour de Berlin, puisqu'elle attribuait à cette
dernière, et enlevait à l'Impératrice et à son
Ministère la gloire d'avoir conçu le projet d'un
systême aussi conforme à la dignité et aux intérêts du commerce de leurs sujets respectifs.
Quoiqu'il en soit , cette opinion s'établit tel-
lement alors en Angleterre , qu'elle y existait
encore dans toute sa force, il n'y a pas long-
temps, puisqu'au mois d'avril 1791 , dans un
des débats parlementaires à l'occasion des ar-
memens de l'Angleterre, pour obtenir de la
Russie une paix avec les Turcs , sur le pied
du *statu quo* strict , M. Fox, un des membres
du parti de l'opposition , nomma Frédérick II
comme celui qui avait suggéré à la Russie la
première idée de la neutralité armée.

C'est donc pour ne pas laisser perpétuer
cette erreur historique et politique , qu'on
croit rendre un service au public, en mettant

sous ses yeux plusieurs actes ou pièces intéressantes relatives à cette neutralité armée, et en
les faisant précéder des notions que l'auteur du
présent mémoire a recueillies, sur l'origine et
la véritable marche des négociations dont elle
a été le motif ou la suite. On peut ajouter qu'il
mérite d'autant plus de confiance, qu'il a eu
souvent l'occasion de s'entretenir à fond de
cet objet avec un homme aussi respectable que
digne de foi, qui se trouvait à Pétersbourg à
cette époque, et qui était peut-être plus que
personne à portée de connaître les ressorts se-
crets de cette opération politique, et la véritable
marche de la négociation à laquelle elle a donné
lieu. Cette négociation porte un caractère dé,
singularité qui ne peut en rendre le développe-
ment que plus intéressant; il pourra prouver
à tout négociateur, que s'il est souvent dange-
reux de se trop confier à la force de son génie,
au sentiment de sa propre supériorité, et de
croire maîtriser les événemens en s'abandon-
nant à l'intrigue et à des moyens violens pour
parvenir à son but, il ne l'est pas moins de se
laisser aller trop facilement aux apparences, et
de vouloir heurter de front, ou même secouer
les formes établies dans une Cour. Enfin, le

simple récit des faits suffira pour démoutrer combien il est difficile, même au négociateur le plus habile et le plus actif, tel que s'est montré alors à Pétersbourg, et depuis en Hollande, lord Malmesbury, combien dis-je, il lui est difficile de lutter avec succès contre le ministère d'une cour, lors même que celui qui en dirige les opérations, et qui, pour ainsi-dire, en est l'ame, parait être, ou même est déjà au déclin de son crédit. Telle était précisément la situation où se trouvait le comte Panin, quand lord Malmesburya rriva à Pétersbourg ; mais la diminution de faveur et d'influence des ministres russes , n'empêcha pas, comme nous allons voir, qu'il n'eût assez de prépondérance dans les affaires pour rompre tous les projets, toutes les mesures du lord Malmesbury, et pour lui porter le coup le plus sensible, en le faisant échouer au moment même où il se croyait le plus assuré de leur succès ; mais avant d'entrer dans ces détails, il faut dire en peu de mots quelle était alors la situation de l'Angleterre et le but de la négociation dont le lord Malme- bury était chargé.

La cour de Londres ayant, après la paix de Versailles, en 1762, renoncé à toutes les liai-

sons avec les puissances du Continent, se trouvait sans aucun allié, au moment de la guerre
qu'elle avait à soutenir à-la-fois contre ses colonies, et contre la France et l'Espagne, qui
avaient reconnu leur indépendance. Le danger
d'une pareille position fit bientôt sentir à l'Angleterre la nécessité de renoncer à un systéme
qui la laissait absolument isolée, et abandonnée
à ses propres forces. Elle jeta donc les yeux
sur les cours de Vienne et de Pétersbourg,
comme sur celles dont l'alliance pouvait lui
être la plus utile. Mais pour parvenir à conclure
cette alliance, il fallait avant tout rompre celles
qui existaient entre l'Autriche et la France, et
entre la Russie et la Prusse : et ce fut sur les
soins et les talens politiques du lord Malmesbury, que l'Angleterre s'en reposa pour le
dernier objet. Rompre des liens qui existaient
depuis dix-sept ans entre les Cours de Berlin et
de Pétersbourg, rapprocher cette dernière de
la cour de Vienne, la lier même avec elle,
conclure enfin une alliance entre la Russie et
la Grande-Bretagne, au moment même où cette
dernière se trouvait engagée dans une guerre
contre les Colonies et la maison de Bourbon,
c'était sans doute une tâche aussi importante

que difficile à remplir ; elle exigeait tout le génie, toute l'activité, toute l'adresse d'un négociateur tel que le lord Malmesbury : peut-être
même fallait-il quelqu'un qui ne se bornât pas
à des moyens ordinaires, et qui se décidât à
employer indistinctement tous ceux qui pouvaient être utiles à ses vues.

A peine arrivé à Pétersbourg, et probablement même dès les premiers entretiens avec
le comte Panin, le lord Malmesbury dût s'ap-
percevoir aisément combien les principes, les
sentimens personnels de ce premier ministre
étaient opposés aux vues de l'Angleterre. Le
comte Panin comme on l'a déjà dit, tenait à
l'alliance de la Russie avec la Prusse, autant
par la conviction intime de ses avantages que par
sa prédilection bien naturelle pour un systême
qu'il regardait comme son ouvrage. L'habitude
l'avait fait vieillir pendant dix - sept ans dans
cette opinion ; enfin, doué d'un esprit calme,
conciliant, d'une douceur de caractère, qui,
avec l'âge, avait même dégénéré en une sorte
de lenteur, et d'indolence, que ses rivaux et
ses ennemis n'ont que trop exagérées, son
amour pour la paix le mettait nécessairement
en garde contre tout changement, toute in-

novation politique qui pouvait y porter atteinte.
Le comte Panin était d'ailleurs trop éclairé sur
les véritables intérêts de sa patrie, pour ne pas
sentir le danger auquel s'exposerait la Russie,
si au moment où encore épuisée par la guerre
qu'elle avait eu à soutenir contre la Porte,
elle contractait avec l'Angleterre une alliance
dont l'effet inévitable serait de l'entraîner
dans une nouvelle guerre, d'autant plus oné-
reuse pour la Russie, que la cause même de
cette guerre lui était absolument étrangère,
et que le théâtre en était plus éloigné. Tous les
motifs de convenance, d'intérêt et de politique
se trouvaient donc réunis pour détourner la
Russie d'écouter les propositions de l'Angleterre, du moins pour l'engager à en renvoyer
la discussion à l'époque où cette puissance au-
roit terminé la guerre désastreuse dans laquelle elle se trouvait engagée. Le lord Malmesbury ne put se dissimuler que des réflexions si
simples, et en même temps si justes, n'avaient
pu échapper à un homme aussi sage, aussi
consommé dans les affaires que le comte Panin,
ni combien elles acquéraient encore de force
étant présentées par un ministre intéressé sous
tous les rapports, à en démontrer l'évidence.

Mais ce qui aurait peut-être suffi pour décourager tout autre négociateur, ne fit qn'animer
le zèle du lord M . . . . . ; il sentit toute la force
des obstacles qu'il avait à combattre. Il ne déses-
péra pas de les vaincre ; et comme on va le voir,
il put se flatter un moment d'en avoir trouvé
les moyens.

Nous avons déjà dit que quoiqu'il conser-
vât toujours le titre de premier ministre, et
parût être à la tête de toutes les affaires, le
comte Panin n'y avait plus, à beaucoup près,
la même influence qu'autrefois. La faveur, la
confiance entière dont l'impératrice lui avait
donné tant de preuves étaient sensiblement
diminuées ; c'était, si l'on peut se servir de
cette comparaison, un astre qui penchait visi-
blement vers son déclin ; mais il était encore
sur l'horizon, et ceux même qui désiraient le
plus de l'en voir disparaître croyaient avoir
encore besoin de sa lumière. Ce dernier cal-
cul fut peut-être le seul qui échappa au lord
M . . . . Il ne se trompa pas dans tous les autres,
et sa sagacité lui fit bientôt découvrir les bases
sur lesquelles il pouvait fonder ses espérances.
Il ne lui avait pas été difficile de pénétrer que
l'impératrice ne tenait plus par les liens de

l'amitié personnelle ni au roi de Prusse, ni à son alliance avec lui, et qu'uniquement occupée du grand projet de rétablir l'empire grec en plaçant le grand duc Constantin sur le trône de Constantinople, cette idée absorbait à un tel point toute son attention, toutes ses vues politiques, que tout y était subordonné. Plus ce projet de Catherine II paraissait gigantesque et même chimérique, plus le lord Malmesbury crut qu'en faisant entendre à l'impératrice que l'Angleterre n'en regardait pas à beaucoup près l'exécution comme impossible, et pourrait même se prêter à concourir à son succès, il n'en faudrait pas davantage pour la décider à conclure avec cette puissance l'alliance qu'il était chargé de négocier. Il était assuré d'ailleurs que toutes les insinuations, toutes les démarches qu'il pourrait faire à cet égard seraient vivement et fortement appuyées par le prince Potemkin, qui jouissait alors auprès de l'impératrice de tout le crédit que pouvait donner la faveur du projet en question, soit qu'il entrevît dans son succès la permanence de son pouvoir, ou la perspective d'une indépendance future qui le mettrait à l'abri de tous les événemens, ne cessait de diriger toutes

toutes les vues de l'impératrice sur un objet si propre à flatter l'ambition de cette souveraine, et sur-tout son amour pour la gloire.

Aussi certain des sentimens personnels et des dispositions de Catherine II que de l'appui qu'il trouverait dans le prince Potemkin, le lord Malmesbury, qui s'était également convaincu et du peu d'influence qui restait encore au comte Panin, et de l'opposition bien décidée que ce ministre mettrait au succès de sa négociation, devait-il, pouvait-il même, à ce qu'il semble, hésiter sur le parti qu'il avait à prendre en de telles conjonctures? Il avait tout à espérer en traitant directement avec l'impératrice et un favori qui paraissait tout-puissant; il n'avait rien à attendre d'un ministère dont le chef, eût-il été aussi favorable à ses vues qu'il y était contraire, n'aurait probablement pas eu le crédit de les faire adopter; ainsi tous les calculs de la prudence humaine et de la politique semblaient ne pas permettre au ministre anglais d'hésiter un seul instant sur le choix de la route qu'il devait suivre, et des moyens qu'il devait employer. Ce fut cependant en adoptant la marche que la nature même des choses et des circonstances paraissait si im-

B

périeusement lui prescrire, ce fut en la suivant avec toute l'activité de son caractère, toutes les ressources de son esprit, que le lord M.... se vit trompé dans toutes ses espérances, vit échouer sa négociation, manqua deux fois son but au moment où il se croyait le plus sûr de l'atteindre, et ne recueillit, pour prix de ses démarches, que la triste certitude qu'elles avaient donné lieu à ce système de la neutralité armée, qui a autant flatté l'amour-propre de l'impératrice qu'il a été funeste aux intérêts de l'Angleterre, et qui aujourd'hui est encore une des principales causes de l'éloignement qui existe entre les cours de Londres et de Pétersbourg ; mais n'anticipons point sur la marche des évènemens, et continuons de les développer.

Quoique peu satisfait, comme on l'imagine bien, du succès de ses premières conférences ministérielles avec le comte Panin, le lord M.... continua à le ménager ; mais il chercha et obtint dans l'été de 1779 deux audiences secrètes de l'impératrice, l'une à Péterhoff, l'autre à la maison de campagne et dans le jardin de madame de Nariskin. On sait positivement que dans cette dernière entrevue, Catherine II, après avoir témoigné au ministre britannique combien elle était disposée à former une alliance avec l'Angleterre, avait fini par l'engager d'écrire à sa cour ; que si cette puissance ne se refusait point, comme elle avait fait jusqu'à présent, à étendre le *Casus Federis* avec la Russie envers la Porte et sur les affaires d'Orient, alors il serait autorisé à lui faire la proposition formelle de l'alliance, en y joignant l'offre d'une médiation armée de la part de l'Impératrice, qui ne balancerait pas à accepter l'une et l'autre. Une ouverture aussi directe, une déclaration aussi positive étaient trop favorables aux vues de la cour de Londres pour que le lord M.... ne s'empressât pas de l'en instruire, et peu de tems après il reçut l'ordre et les pleins pouvoirs nécessaires pour entamer cette négociation.

Les pleins pouvoirs reçus, l'impératrice et le prince Potemkin prévenus, l'importance et la nature d'une telle négociation ne permettaient pas d'en dérober la connaissance au ministère; il fallut donc en parler au comte Panin, et ce fut alors que le lord M.... put s'apercevoir, malgré la confiance que lui avaient inspiré les dispositions de l'impératrice et celles

du prince Potemkin, que tant que le comte Panin resterait en place, l'habitude qu'on avait de
ne pouvoir se passer de lui, le souvenir même
des services qu'il avait rendus, lui laisseroient
toujours assez d'influence dans le conseil et sur
les affaires pour déjouer les mesures et les en-
treprises du plus adroit négociateur. On ne
peut en donner une preuve plus évidente qu'en
mettant ici sous les yeux du lecteur la réponse
ministérielle que le comte Panin sut se faire
autoriser par l'impératrice même à faire au
mémoire que le lord Malmesbury avait remis à
ce premier ministre. On peut assurer que si
cette pièce n'est pas exactement copiée mot à
mot, au moins le sens et les principales ex-
pressions en sont fidèlement rapportées. La
voici :

« La sincérité des sentimens de l'amitié de
» l'impératrice pour le roi et la nation de la
» Grande-Bretagne, porte S. M. impériale à
» recevoir toujours avec reconnaissance toutes
» les ouvertures confidentielles qu'il plaît à
» S. M. le roi de lui faire sur la situation de la
» guerre ; mais en même-tems, elle se sent
» fort peinée de ne pas pouvoir concilier sa
» façon de penser et ses désirs sur l'accélération

» de la paix avec les conventions et les propo-
» sitions que lui fait la cour de Londres. L'im-
» pératrice aime la paix, elle désire ardemment
» que la Grande-Bretagne en jouisse le plutôt
» possible. Cependant, S. M. I. se tient con-
» vaincue que les démarches que la cour de
» Londres lui propose pour l'accélérer, doi-
» vent à coup sûr produire un effet entièrement
» contraire, vu qu'une proposition de paix ou
» une médiation offerte sans aucune condition
» conciliante, mais au contraire appuyée de
» démonstrations guerrières, produira néces-
» sairement un effet opposé aux sentimens de
» l'impératrice pour le roi et la nation, et ne
» saurait manquer de provoquer les ennemis
» de la Grande-Bretagne à une extension indé-
» terminée de la guerre, en y enveloppant tout
» le Continent de l'Europe. Quant au traité
» d'alliance proposé, l'impératrice se persuade
» qu'on ne pourra pas cacher devant la justice
» et l'équité du roi, que le tems de la conclusion
» d'une alliance défensive, n'est pas de la na-
» ture de l'état d'une guerre effective, et sur-
» tout de la guerre présente, dont la cause a
» été de tout tems exclue de l'alliance entre
» l'Angleterre et la Russie, comme n'apparte-

» nant point à leurs possessions respectives en
» Europe. Au reste, S. M. I. sssure le roi, de la
» manière la plus forte , qu'elle persistera tou-
» jours dans les mêmes sentimens pour le roi
» et la nation Britannique ; et si la cour de
» Londres peut trouver quelque terme propre
» à établir les bases d'une conciliation entre
» les nations belligérantes, afin de prévenir une
» plus grande effusion de sang, et qu'elle juge la
» participation de l'impératrice utile aux in-
» térêts de la Grande-Bretagne. S. M. I. se pré-
» tera avec le plus grand empressement à s'y
» employer, et y mettra tout le zèle et toute
» l'intégrité d'une amie et alliée actuelle de la
» cour et de la nation Britannique ».

Si l'on peut bien se rappeler les espérances
que l'impératrice avait données au lord M.....,
si l'on pense que c'était elle-même qui lui avait
fixé les bases sur lesquelles elle consentait à entamer la négociation d'un traité d'alliance avec
l'Angleterre, et qui enfin l'avait engagé, autorisé même à les proposer à sa cour, on concevra
facilement combien une réponse aussi vague,
aussi dilatoire, aussi contraire, en un mot, à
celle qu'il se croyait en droit d'attendre, devait
attérer le négociateur Anglais, c'eût été sans

doute l'effet qu'elle eût produit sur un ministre moins zélé, moins actif que lui ; mais un contre-tems aussi cruel ne put décourager le lord M....., et il ne renonça même pas à ses espérances : on peut présumer que le prince Potemkin, et peut-être l'impératrice elle-même cherchèrent à les ramener, en lui laisant entrevoir que dans le nombre des évènemens qu'occasionne fréquemment une guerre, il pourrait s'en présenter qui seraient de nature à faire naître des circonstances plus favorables au succès de sa négociation. Le ministre anglais se livra, ou du moins parut se livrer à cet espoir incertain, mais on juge si un désagrément aussi sensible que celui qu'il venait d'essuyer, lui inspira le plus vif ressentiment, et contre le comte Panin, et contre tous ceux qu'il regardait comme étant du parti de ce ministre, et parconséquent attachés au systême politique que l'Angleterre avait tant d'intérêt à détruire.

Un evènement peu important eu lui-même, et du nombre de ceux qui n'arrivent que trop souvent dans une guerre maritime, amena l'occasion que l'impératrice semblait avoir présagée au lord M....., et qu'il attendait avec tant d'impatience.

B 4

Deux bâtimens marchands russes, l'un d'Archangel, nommé *Concordia*, l'autre de Pétersbourg, nommé *St. Nicolas*, furent arrêtés dans leur route par les Espagnols dans la Méditerranée, et conduits à Cadix, où leurs cargaisons furent vendues.

L'impératrice fut d'autant plus vivement irritée d'une infraction aussi manifeste, faite par l'Espagne à la liberté du commerce et de la navigation, que se regardant elle-même comme la créatrice du commerce de son vaste empire, elle attachait la plus grande importance à son extension, le plus grand prix aux avantages qui devaient en résulter, et que la liberté de la navigation pouvait seule les assurer ; le lord M....., parfaitement instruit des sentimens de Catherine II à cet égard, était trop adroit et trop éclairé pour ne pas saisir une circonstance aussi favorable, qui lui offrait à-la-fois l'occasion, et de renouer avec succès la négociation qui avait été rompue, et de se venger en même-tems de tous ceux qui l'avaient fait échouer : en ministre habile, il profita de tous ces avantages.

La première démarche de l'Impératrice fut de faire remettre à M. de Normandès (alors

chargé des affaires de la cour d'Espagne à celle
de Pétersbourg), deux notes ministérielles que
l'on peut regarder comme les premiers actes
relatifs à la neutralité armée. Le comte Panin fut chargé de remettre lui-même ces deux
notes à M. de Normandès, et ne s'y refusa
pas, persuadé qu'il ne s'agissait que d'obtenir
de l'Espagne, par la voie d'une négociation
amicale, la satisfaction et la réparation quel-
conque, que la cour de Russie était fondée
à demander à celle de Madrid, pour l'arrestation illégale des deux bâtimens ; mais lord
Malmesbury ne bornait pas là ses vues, et joignant ses instances à celle du prince Potemkin, tous deux de concert décidèrent l'Impératrice à envoyer (à l'insu du Ministère) l'ordre à l'amirauté de Cronstadt d'y armer avec
la plus grande célérité, mais le plus secrète-
ment qu'il serait possible , une flotte de quinze
vaisseaux de ligne et six frégates, qui pût être
en état de mettre en mer au premier moment
de l'ouverture de la navigation. Le Ministère
Anglais parvint même à obtenir de Catherine II
la promesse positive que, dans le cas où la
cour d'Espagne ne répondrait pas , de la manière la plus précise et la plus satisfaisante aux

deux offices ministériels que l'on venait de lui
faire transmettre , et dont on a parlé ci-dessus , alors l'Impératrice prendrait les moyens
de forcer l'Espagne à lui accorder la satisfaction qu'elle avait demandée , et que l'escadre
dont on préparait l'armement, mettrait pour
cet effet à la voile dès le commencement du
printemps. Quelques précautions qu'on eût
pris pour que cette résolution restât dans le
plus profond secret , et sur-tout pour en dérober la connaissance au comte Panin , les mesures qu'exigeait l'équipement de l'escadre à
Cronstadt, ne purent être long-temps ignorées;
et ce Ministre pénétra bientôt le but de ces
préparatifs hostiles , et en découvrit le principal moteur. L'homme digne de foi, d'après
les notions duquel on a , comme on l'a déjà
dit , rédigé le présent mémoire, arriva précisément chez le comte Panin , au moment
où ce Ministre , encore ému de la découverte
qu'il venait de faire d'un plan si contraire à
ses vues , à son système pacifique, et sentant
tous les dangers auxquels son exécution pouvait exposer la Russie , était profondément
occupé à chercher des moyens de conjurer
ce nouvel orage. Il y était même personnel-

lement intéressé, puisque le mystère qu'on lui avait fait et de l'armement de la flotte et de sa destination, ne lui permettait pas de douter que toute cette intrigue ne fût l'ouvrage de ses ennemis, et qu'ils ne fussent enfin parvenus à lui enlever même jusqu'à l'apparence de la confiance de l'Impératrice.

Vivement agité par toutes ces réflexions, le comte Panin, au premier mot que lui dit le personnage en question, des bruits qui commençaient déjà à se répandre dans le public des ordres donnés à Cronstadt, relatifs à l'armement, lui répondit, avec une vivacité qui ne lui était pas, à beaucoup près, ordinaire : *Monsieur, la chose est vraie, mais il s'agit de parer le coup, et j'espère encore y parvenir.* Puis, après un instant de silence, il ajouta, en portant la main à son front, avec le geste d'un homme fortement préoccupé : *Mes idées ne sont pas encore bien claires ; il faut que je me donne le temps de les arranger : dans quelques jours je pourrai en dire davantage ; mais je me flatte que je parviendrai à diriger cet orage sur ceux-là même qui l'ont excité, et sur ceux qui, non contens de s'être perdus eux - mêmes,*

(il entendait par-là le Ministère Anglais d'a-
lors) *espèrent pouvoir se sauver, en mettant toute l'Europe en feu par leurs in-
trigues.*

Le comte Panin avait trop d'expérience,
et connaissait trop bien et sa position et le
caractère de l'Impératrice, pour ne pas sentir
qu'il ne pouvait heurter directement l'opinion
et l'inclination de cette souveraine ; il ne lui
restait donc qu'un seul parti à prendre, celui
d'avoir l'air de partager tout son ressentiment contre l'Espagne ; mais de lui proposer
de le faire éclater, en adoptant des mesures
plus étendues, et en même-temps plus propres à flatter la passion de Catherine II pour
la gloire, et à lui faire jouer un plus grand
rôle en Europe. Tels furent le moment, le
motif et l'occasion qui inspirèrent au comte
Panin la première idée de la neutralité armée,
et lui en firent rédiger le plan. Il le présenta
peu de jours après à l'Impératrice, comme
un système nouveau, auquel elle aurait la gloire
de donner l'existence, et qui, fondé sur les
principes les plus sacrés du droit des gens,
et ayant pour but le bien, l'intérêt général
des puissances neutres, les rallierait toutes sous

les bannières Russes, rendrait Catherine II
la législatrice des mers, comme elle se flattait
de l'être de son vaste Empire ; assurerait à
jamais au commerce de Russie tous les avantages qu'elle désirait de lui procurer, et enfin
donnerait à l'Impératrice un moyen aussi puis-
sant qu'infaillible de tirer une vengeance éclatante
de l'Espagne, et de mettre pour jamais
le pavillon Russe à l'abri de la part de cette
puissance, et même de toute autre.

Un plan aussi vaste, et présenté sous un
point de vue aussi séduisant, réunissait trop
tout ce qui pouvait flatter les sentimens de
l'Impératrice, pour qu'elle pût hésiter à l'a-
dopter : qui sait même si ce n'était pas une
jouissance secrète de voir le comte Panin paraître entrer aussi vivement dans une opinion
si contraire à celles qu'il avait jusqu'alors ma-
nifestée ? Quoiqu'il en soit, le Ministre, en
développant à Catherine II le système qu'il venait de lui mettre sous les yeux, lui demanda
de n'en parler à qui que ce fût au monde, pas
même au chevalier Harris, et ne manqua point
de raisons pour convaincre l'Impératrice de la
nécessité et de toute l'importance du secret
absolu qu'il osait exiger. Il lui fit aisément sentir

que le nouveau système , auquel elle venait
de donner son approbation , humiliait trop
une des cours de la maison de Bourbon, pour ne
pas satisfaire l'Angleterre ; que cette puissance
l'envisagerait comme d'autant plus favorable
à ses intérêts , que toutes les puissances belligérantes seraient bien obligées d'y souscrire ,
et qu'enfin la démarche éclatante qu'allait faire
l'Impératrice , portant de sa part l'empreinte
de la neutralité et de l'impartialité la moins
suspecte , le résultat devait en être imman-
quablement d'assurer à la Russie l'honneur de
la médiation , pour la pacification future , honneur dont Catherine II avait déjà joui à la paix
de *Teschen* , et dont il n'ignorait pas qu'elle
désirait encore de jouir à la fin de la guerre
actuelle. Muni du consentement de l'Impératrice , et assuré du secret qu'elle lui avait promis, le comte Panin lui fit agréer sur-le-champ
le projet d'une première déclaration de la part
de la Russie, adressée aux puissances belligérantes , déclaration qui, en établissant les
principes des neutres , tant sur la liberté du
commerce que sur celle de la navigation , fut
envoyée aussitôt par des courriers aux Ministres
de Russie à Londres, à Paris et à Madrid, avec

ordre à chacun de ces Ministres, de la remettre au Ministère des cours où ils résidaient, et de notifier, en même-temps, que l'Impératrice adoptait et soutiendrait invariablement les principes énoncés dans cette déclaration. Le même jour où ces trois courriers furent expédiés, le comte Panin, sortant, en cette circonstance, de sa lenteur et de son indolence habituelle, en dépêcha deux autres à *Stockholm* et à *Copenhague*, pour donner ordre aux Ministres de Russie dans ces deux cours, de leur communiquer la déclaration que venait de faire faire l'Impératrice, et de les inviter en même-temps de sa part à en faire de leur côté une absolument semblable aux puissances belligérantes; mais pour donner encore plus de poids aux principes qui servaient de base à cette déclaration, les Ministres Russes avaient en outre ordre de proposer à la Suède et au Danemarck, de se lier mutuellement et avec la Russie, par une convention réciproque, dans laquelle seraient établis, de la manière la plus précise, et en même-temps la plus solemnelle, les principes relatifs à la liberté de la navigation et du commerce des puissances neutres.

Telle fut l'origine de ce fameux systême de

la neutralité armée ; telles furent les premières
bases de toutes les négociations dont il fut l'objet, et des conventions qui en ont été le résultat. D'après cela, n'est-il pas démontré que
ce système ne dut sa naissance qu'à la nécessité urgente où se trouva le comte Panin, de
contreminer les projets, les démarches du chevalier Harris, projets qui ne tendaient à rien
moins qu'à plonger la Russie dans des embar-
ras inextricables, en l'entraînant dans la guerre
contre l'Amérique et les Maisons de Bourbon.
On peut ajouter que, sans une circonstance
aussi pressante, aussi impérieuse, jamais la
neutralité armée n'eût existé ; que jamais le
comte Panin n'en eût même eu l'idée ; mais
cette idée enfin, ce fut lui seul qui la con-
çut, lui seul qui décida l'Impératrice à la mettre
en exécution ; et c'est un fait sur lequel, d'a-
près tous les détails que l'on vient d'exposer,
il serait bien difficile qu'il pût rester encore
le moindre doute. Poursuivons le récit de la
négociation que nous venons de voir entamer.

Le secret que le comte Panin avait demandé
à l'impératrice fut si scrupuleusement gardé,
que tous les courriers étaient déjà partis, que
le

le chevalier Harris ignorait absolument les ordres dont ils étaient porteurs. Une anecdote même assez singulière, et dont on peut garantir la certitude, c'est que deux ou trois jours avant le départ de ces courriers, l'impératrice, persuadée de bonne foi, par tout ce que lui avait dit le comte Panin, que le parti, auquel elle venait de se décider serait infiniment agréable à la cour de Londres, et entrait parfaitement dans ses vues, avait confié au ministre anglais qu'avant peu un courrier Russe porterait à l'Angleterre les déclarations qu'elle allait faire aux cours de Bourbon, et qui faciliteraient singulièrement le désir et le plan d'alliance du ministère britannique. Elle lui ajouta même qu'elle l'engageait à expédier d'avance un courrier pour annoncer à sa cour une nouvelle qui devait lui être agréable. Que l'on juge de la joie qu'éprouva le chevalier Harris, en recevant de la bouche même de l'impératrice des assurances aussi positives ! Quel négociateur ne se fût pas livré avec confiance à toute la sécurité qu'elles devaient lui inspirer ? aussi se hâta-t-il, le jour même, de faire partir son courrier, et de rendre compte de la situation où étaient les choses en Russie, avec toute la satisfaction d'un

C

homme qui est bien sûr que c'est à lui seul , à son zèle et à ses soins que l'on doit de les voir amenées au point le plus heureux que l'on pouvait désirer ; et comment lord Malmesbury aurait-il pu prévoir que l'expédition de ce même courrier, et le contenu des dépêches dont il le chargeait serait pour lui la cause du chagrin le plus vif, du contretems le plus cruel que jamais ministre pût éprouver.

La cour de Londres, prévenue d'une manière aussi favorable qu'affirmative par son ministre , attendait avec impatience, mais dans la plus grande sécurité, que celui de Russie reçût les déclarations annoncées et lui en donnât connaissance. Il ne tarda pas effectivement à les recevoir et à les communiquer. Mais que l'on se représente pour un moment la surprise, la douleur du ministère anglais , et le jugement qu'il dût porter des rapports de lord Malmesbury , quand il eut la preuve qu'au lieu des dispositions si favorables par lui annoncées, l'impératrice adoptait, manifestait aussi ouvertement des principes également contraires aux actes de navigation de l'Angleterre et à ses plus chers intérêts ; principes dont l'application tournerait à l'avantage des cours de Bourbon ,

puisque ces puissances, pendant la guerre actuelle, et dans le cours des autres guerres ma-
ritimes qu'elles pourraient avoir à soutenir par
la suite, seraient à l'abri de l'égide de la Russie,
et de celles des cours neutres qui adopteraient
son système ; seraient, dis-je, à portée de se
procurer toutes les productions du Nord, qui,
comme on sait, sont indispensablement nécessaires à la France et à l'Espagne pour l'entretien
de leur marine.

A peine le lord M..... eut-il eu une connaissance légale du contenu des déclarations remises
à Londres par le ministre russe, qu'il sentit à
quel point il se trouvait personnellement com-
promis par l'envoi de son courrier, et se récria
dans les termes les plus expressifs et les plus
amers sur la manière dont on l'avait joué. En
vain s'empressa-t-on de lui assurer que l'impératrice elle-même avait été la première induite
en erreur par le comte Panin, en vain lui insi-
nua-t-on que si le ministère Britannique ne té-
moignait aucun ressentiment de ce qu'il pouvait
trouver de désagréable dans la déclaration de
la Russie, et y répondait d'une manière amicale, S. M. I. prendrait elle-même des mesures
pour anéantir l'effet qui pouvait résulter de

C 2

cette déclaration. Il parut n'ajouter aucune foi à toutes ces assurances ; et quand même il eût pu croire qu'elles étaient sincères, pouvait-il se flatter de le persuader à sa Cour? Ne s'était-il pas mis lui-même hors de mesure d'avoir la moindre influence sur la réponse qu'elle ferait à la Russie? enfin, savait-il même jusqu'où pourrait s'étendre l'humeur que le ministère Anglais devait avoir contre lui? Le lord M... ne se dissimula, ni toute l'étendue du mal, ni combien il était irrémédiable ; et s'il avait pu encore en douter, les dépêches que l'on reçut bientôt de monsieur Simolin, ministre de Russie à la cour de Londres, auraient suffi pour l'en convaincre : ce ministre, en rendant à l'impératrice le compte le plus détaillé du mécontentement extrême avec lequel on avoit reçu à Londres la communication qu'il avait fait de la déclaration, ajoutait que le ministère anglais, et particulièrement les lord Stormond et Hillsborough, s'étaient expliqués à cet égard, tant vis-à-vis de lui que vis-à-vis des ministres étrangers avec la plus grande chaleur, la plus grande vivacité, et même dans des termes qui ne pouvaient que blesser sensiblement l'amour-propre et la dignité de l'impératrice. On conçoit aisément l'effet que produisit un pareil rapport sur l'esprit de Catherine ?

D'un autre côté, autant la déclaration de la Russie avait été mal accueillie en Angleterre, autant les cours de Bourbon la reçurent de la manière la plus agréable pour l'impératrice. Les comtes de Vergennes et de Florida-Blanca, dont le premier était en France à la tête du ministère des affaires étrangères, et le second avait en Espagne le même département, aperçurent au premier coup-d'œil les avantages que cette déclaration procurerait au moins momentanément à leurs cours respectives ; et le comte de Vergennes, pour ne laisser même aucun prétexte au ressentiment que la Russie avait témoigné contre l'Espagne, s'empressa d'employer ses bons offices près de la cour de Madrid, pour l'engager à donner toute satisfaction à l'impératrice relativement à l'arrestation des deux bâtimens russes, la *Concordia* et le *Saint-Nicolas*, qui avaient été conduits dans le port de Cadix. Dès ce moment le système, le plan du comte Panin furent plus affermis que jamais ; l'impératrice s'y attacha comme à son propre ouvrage, ne s'occupa plus que des moyens de leur donner la plus entière exécu-

C 3

tion, et la comparaison qu'elle fut dans le cas de faire des procédés des cours de Bourbon et de celui de l'Angleterre la rendit plus qu'indifférente à toute l'humeur que le ministère britannique pourrait témoigner; il ne fut donc plus question que d'engager toutes les puissances neutres à adhérer aux principes établis dans la déclaration de l'impératrice, et à manifester leur adhésion par des conventions solemnelles avec la Russie, conventions qui auraient pour unique objet le maintien de ces mêmes principes qui assureraient à jamais la liberté de la navigation et du commerce.

On a vu ci-dessus que les premières ouvertures à cet égard avaient déjà été faites aux cours de Suède et de Danemarck; en vain celle de Londres employa-t-elle tout le crédit qu'elle avait sur le ministère danois, et principalement sur le comte de Bernstorf (connu par son dévouement à l'Angleterre), pour engager la cour de Copenhague à se refuser à la proposition de la Russie. Les liens qui subsistaient entre les deux cours, sur-tout depuis la cession du Holstein, étaient trop étroits, trop indissolubles pour que celle de Danemarck osât risquer de se compromettre par un refus vis-à-vis de celle de Russie ; aussi ni les efforts de l'Angleterre, ni ceux du comte de Bernstorf ne purent empêcher la conclusion de cette convention, qui fut notifiée le 3 juillet 1780, et qui a servi de base à toutes celles que firent successivement les autres puissances (1) : quant à la Suède, elle mit d'autant plus d'empressement à y accéder et à entrer dans les vues de l'impératrice que plus d'un an auparavant Gustave III avait proposé, pour assurer la navigation et le commerce de la Baltique, des mesures à-peu-près semblables à celles que la Russie venait d'adopter en général pour la liberté des mers. Ce prince fit même plus ; car avant de signer sa convention avec la Russie, il fit remettre aux puissances belligérantes une déclaration aussi formelle qu'expressive (2), et absolument analogue à celle que leur avait déjà fait transmettre la cour de Pétersbourg. Ce ne fut qu'à l'époque de la signature de la convention entre la Suède et la Russie que le comte Panin fit faire personnellement quelques insinuations au roi de Prusse pour l'engager à

---

(1) Voyez les pièces justif. lettres D. E. F.

(2) Lett. justif. lettre G.

C 4

augmenter par son accession la force prépon-
dérante que paraissait acquérir le nouveau système ; mais Frédérick-le-Grand craignit alors
que cette accession ne l'entraînât dans des en-
gagemens et des démarches qui pourraient
troubler sa tranquillité, ou l'exposer à des
frais de subsides ; et il paraît certain, d'après
les notions les plus connues, que ce monarque
donna ordre à M. le comte de Goertz, alors
son ministre à la cour de Pétersbourg, d'éluder
avec soin toutes les propositions que l'on pourrait être dans le cas de lui faire relativement à
cet objet. D'un autre côté Catherine II qui venait
de faire la connaissance personnelle de l'empereur Joseph II, et qui depuis long-temps avait
commencé à prendre les sentimens les plus
favorables aux intérêts de la maison d'Autriche,
témoigna au comte de Panin quelque répugnance
à admettre le roi de Prusse à son nouveau système : ainsi de part et d'autre on ne donna alors
aucune suite aux insinuations que ce ministre
avait fait faire à Berlin.

Le coup le plus sensible que l'on pouvait
porter à l'Angleterre, c'était d'engager la Hollande à entrer dans la neutralité armée, à augmenter le nombre des puissances qui s'unis-

saient pour le maintien des principes et des droits des neutres. L'impératrice en fit faire de particulièrement favorables à cette république, et le parti français qui y dominait alors mit tout en œuvre pour décider et presser l'accession des états-généraux à la neutralité : bientôt ils nommèrent deux ambassadeurs extraordinaires chargés de suivre et de terminer à Pétersbourg cette importante négociation ; et malgré les obstacles suscités par la cour de Londres, malgré la lenteur et les délais qui résultent nécessairement des formes républicaines, les deux ambassadeurs signèrent le 24 décembre (v. st.) 1780 avec la Russie la convention, à laquelle accédèrent les cours de Stockholm et de Copenhague.

Tout ce que put faire le chevalier Harris, fut de prévenir l'Angleterre de l'impossibilité où il était de parer le coup, et il paraît hors de doute que ce fut là ce qui décida cette puissance à déclarer la guerre à la Hollande ; sinon avant qu'elle fût admise dans la confédération des neutres, du moins avant l'époque où l'on pouvait en recevoir officiellement la nouvelle à Londres.

En se portant à une mesure aussi violente,

le ministère britannique avait bien calculé que
si l'on apprenait à Pétersbourg la déclaration
de guerre avant que l'accession de la Hollande
fût confirmée, cette accession ne pourrait plus
avoir lieu ; ou que si la convention était signée
avant qu'on eut pu être instruit de la rupture
entre la Hollande et l'Angleterre, cette circonstance inattendue, et que l'on n'avait pu
prévoir, fournirait du moins un prétexte, et
même une raison très-plausible aux princes
neutres, pour ne pas se croire dans l'obligation
de reconnaître le *casus fœderis* en faveur de
la Hollande qui, par-là même, se trouverait
frustrée de tous les avantages qu'elle espérait
recueillir de la neutralité armée.

L'événement prouva que l'Angleterre ne s'é-
tait pas trompée en employant ce coup de politique comme une dernière ressource, car quoiqu'il fût bien évident que l'Angleterre ne décla-
rait la guerre à la Hollande, qu'en haine de
son accession, quoique les cours de Russie de
Suède et de Danemarck ne pussent se dissimuler cette vérité, la crainte d'embrâser l'Europe entière en prenant part à la guerre, empêcha ces trois cours du Nord de regarder la
Hollande comme étant dans le *casus fœderis*

qu'elle avait sur le champ réclamé comme expres-
sément énoncé dans la convention. En jetant
les yeux sur les pièces justificatives annexées
au présent mémoire , on y verra la manière
dont les trois cours crurent devoir envisager
l'état de la question (1) , et ces mêmes
pièces constatent en même temps les principes
fondamentaux d'après lesquels les cours de
Pétersbourg, Stockholm et Copenhague étaient
convenues d'agir, dans une matière si délicate.
Il est important de remarquer dans une de ces
pièces(qui est l'extrait d'une dépêche du ministre
danois , adressée au sieur Shumacker, alors son
chargé d'affaires à Pétersbourg ,) (2) que ce
fut la cour de Copenhague qui, comme un

[1) Voyez les pièces justificatives H , I , K , L ,
M.

(2) Le sieur Schumacker, sous l'extérieur le plus
ignoble , les formes les plus désagréables et l'air
en apparence le plus simple et le plus borné ,
doit pourtant avoir été un des êtres les plus intri-
gans dans son espèce , puisqu'à l'insu du comte
de Bernstorff, ministre des affaires étrangères ,
il entretenait une correspondance secrète avec le
prince Frédérick de Danemarck et le sieur Guld-
buf son ancien instituteur, que l'on a vu depuis,

moyen de donner plus de poids au nouveau systême) , invita la Russie à employer ses bons
offices , pour faire agréer à l'Empereur et au
roi de Prusse les points de la déclaration. Cette
pièce seule achève de démontrer, avec la dernière évidence , que Frédérick-le-Grand n'était
assurément pas l'auteur de ce système , puisqu'alors on était encore très-incertain s'il en
adopterait les principes et que l'on se bornait
à désirer qu'il voulût bien le reconnoître.

On ne peut assurer si ce fut le vœu énoncé
par la cour de Danemarck également liée avec
la Prusse et la Russie, qui d'une part enga-
gea l'Impératrice de vaincre la répugnance
qu'elle avait témoigné à proposer au roi de
Prusse d'accéder à la neutralité , et de l'autre
décida ce monarque à écouter favorablement
les propositions que la Russie pourrait faire à

pendant un moment , ministre d'état. On est
même généralement persuadé que la disgrâce mo-
mentanée du comte de Bernstorff , qui eut lieu à
cet époque , fût le résultat de la correspondance
et des doubles rapports de cet intrigant qui, depuis
que ce ministre a été rappelé à ses fonctions , est
probablement rentré dans l'obscurité d'où il avait
été tiré.

cet égard , mais un fait certain, c'est qu'à la
fin du mois de mars 1781 , Frédérick ayant réclamé pour les bâtimens marchands Prussiens
la protection des trois cours du Nord , que
celles de Suède et de Danemarck s'empressèrent
de lui accorder, l'Impératrice en réponse à cette
réclamation que S. M. Prussienne avait également fait faire à Pétersbourg, fit transmettre à ce
Prince un office ministériel par lequel elle l'in-
vitait de la manière la plus formelle à accéder lui
même à la neutralité armée et à assurer par cette
accession les avantages qu'il pouvait désirer
pour la liberté du commerce et de la navigation
de ses sujets.

S. M. Prussienne ne croyant pas pouvoir se
refuser à une invitation aussi amicale , donna
en conséquence des ordres à son ministre en
Russie , et l'acte d'accession de la cour de Berlin à la neutralité , fut signé à Pétersbourg , le
8 mai 1781. On peut supposer que quelqu'intérêt que Frédérick le grand prît à la prospérité
du commerce de ses sujets, cet intérêt ne fut ni
le seul , ni même le principal motif qui le décida à devenir une des parties contractantes de la
nouvelle association ; mais plus il sentait que la
Russie cherchait à se détacher de son alliance ,

plus il voulait prouver à l'impératrice, par son empressement à lui complaire, le prix qu'il attachait à cette même alliance ; il voulait, si l'on peut se servir de cette expression, dans le cas d'une rupture, mettre tout le tort du côté de la Russie. Enfin, plus les liens qui l'attachaient à cette puissance commençaient à se relâcher, plus il entrait dans les calculs d'une saine politique d'empêcher l'Europe de s'en apercevoir.

L'échange des articles d'accession et d'acceptation entre le Danemarck, la Suède et la Prusse, n'eut lieu que l'année 1782. On verra, par les pièces justificatives rapportées à la suite de ce mémoire, la juste répugnance qu'avait S. M. prussienne à souscrire à des stipulations qui, en cas de rupture, auraient pu l'engager plus loin qu'il ne vouloit, et l'on trouvera dans ces mêmes pièces la preuve des modifications et des restrictions auxquelles consentirent les cours de Stockholm et de Copenhague, par égard et par déférence pour ce monarque.

A peine la Prusse eût-elle confirmé son accession à la neutralité, que l'empereur, pour ne pas paraître moins empressé que Frédérick à entrer dans les vues et dans les projets de

l'impératrice, accéda également à cette neutralité, et donna ordre au comte de Cobentzel,
son ministre à Pétersbourg, de faire avec le
ministre Russe l'échange réciproque des actes
d'accession de sa part, et d'acceptation de celle
de la Russie (1). Il est essentiel d'observer

---

(1) Ces actes furent signés, celui de l'Empereur par Joseph, et celui de Russie par Catherine ; expédient imaginé par la cour de Vienne,
pour éluder la prétention de celle de Russie ,
et pour ne pas déroger à la primatie que toutes
les Puissances de l'Europe avaient accordée jusqu'à ce jour à l'Empereur des Romains, et dont
un Empereur d'Allemagne promet à l'Empire de
maintenir les droits ; mais ce qu'il est essentiel
d'observer, ce qui pourrait être échappé à l'attention de l'Empire même ; et peut-être à celle
de tous les cabinets de l'Europe, c'est qu'en cette
occasion, l'habileté russe emporta un avantage vi-
sible , puisque , malgré l'expédient en question ,
elle obtint un acte formel qui pourrait doréna-
vant servir de titre à la cour de Russie , pour
soutenir ses prétentions à l'égalité. En effet , au
moment de l'échange de ces actes signés entre
les Souverains (échange faite entre les plénipotentiaires de Russie et celui de l'Empereur) , le
Ministre Russe eut l'adresse de faire dresser un

qu'à cette époque il existait déjà une alliance
secrète entre l'empereur Joseph et Catherine II,
alliance qui n'avait pas été signée publiquement,
pour éviter les difficultés qu'auraient pu faire
naître les formules de l'étiquette, mais dont les

---

double protocole, par lequel les plénipotentiaires
respectifs des deux cours Impériales attestèrent
l'acte de l'échange, et le comte de Cobentzel,
plénipotentiaire de l'Empereur, soit qu'il en eût
reçu l'ordre de sa cour, soit par une condes-
cendance personnelle, consentit à signer, avec
l'alternative, et dans la forme usitée entre les
Puissances d'un rang égal. Ainsi, dans l'exem-
plaire pour la cour de Russie, la signature du
comte de Cobentzel se trouva après celle des
plénipotentiaires Russes, et dans celle pour la
cour de Vienne, ceux-ci ne signèrent qu'après
le comte de Cobentzel, et on peut ajouter qu'en
général cet acte était d'autant plus extraordinaire,
que jamais, jusqu'alors, on n'avait cru pouvoir
se permettre de faire une *régistrature* sur un tel
échange des actes des Souverains mêmes, attendu
que cette espèce de protocole est comme une
ratification de la part des Ministres, de ce qu'ont
arrêté leurs Souverains.

(a) Voyez les pièces justificatives, lettres R et S.

deux souverains étaient convenus entr'eux par des lettres autographes.

Les Cours de Naples et de Lisbonne ne tardèrent pas à suivre l'exemple de celles de Vienne et de Berlin, et à constater leur union à la confédération des puissances neutres, par des conventions formelles qu'elles contractèrent avec la Russie. Une circonstance particulière, qui mérite même d'être remarquée, c'est que la Cour de Lisbonne ne signa et ne ratifia son accession qu'après la conclusion de la paix entre l'Angleterre et la maison de Bourbon.

Ainsi se consolida et parvint à sa perfection ce fameux système de la neutralité armée, dont on vient de développer l'origine, la marche et les progrès. L'Auteur du présent mémoire, pour ne rien laisser à désirer au lecteur de tout ce qui est relatif à un objet aussi intéressant, croit devoir, en terminant ce précis historique, joindre aux pièces justificatives deux notes officielles qui y ont rapport. L'une est un mémoire que la Cour de Suède fit remettre à l'impératrice en 1792, et la réponse de Catherine. On verra par la première de ces deux pièces, que le projet de Gustave III était d'ajouter encore à la consistance d'un nouveau code maritime, d'en étendre l'effet au-delà de la guerre, et de partager avec la Russie l'honneur de la médiation. On jugera en même-tems par la seconde, que l'impératrice, jalouse de tout ce qui pouvait accroître son influence, en Europe, ou ajouter à sa gloire, était bien éloignée de vouloir laisser partager au monarque Suédois le rôle brillant qu'elle se persuadait pouvoir jouer dans cette médiation, dont elle se flattait bien que tout l'honneur lui serait réservé.

P. S. Comme on achevoit d'imprimer la traduction de ces Notices, tout à coup s'est répandue et bientôt confirmée la nouvelle de la mort de l'empereur Paul Ier. La neutralité armée, si heureusement renouvelée sous les auspices de ce prince, semble à plusieurs observateurs menacée d'une entière dissolution. Si cette mort, également inopinée et prématurée, apporte en effet ce changement aux affaires du nord, il faut ou condamner la conduite et les systèmes de l'impératrice Catherine, et tous les cabinets qui y ont applaudi, ou convenir que cet événement est le plus grand malheur qui pût arriver à l'Europe dans les circonstances présentes.

L'intérêt extrême que les Anglais mirent, comme on vient de le voir, à empêcher l'établissement, et à traverser les commencemens et les progrès de la neutralité armée, donne l'idée du dépit qu'a dû leur causer le renouvellement de cette grande mesure. S'il est vrai que les premiers résultats de la mise en action de ce système, sauvèrent alors le continent du joug de l'Angleterre, et la forcèrent à la paix, on conçoit quel intérêt ils ont dû mettre aujourd'hui à rompre cette confédération renaissante.

Les moyens qu'ils ont employés et qu'ils emploient pour parvenir à cette fin, sont encore sous le voile, mais ce voile sera tôt ou tard déchiré, et les coupables, s'il y en a, seront traduits au tribunal des nations (1).

Cependant le jeune successeur du magnanime et infortuné Paul a, dans ce moment, à choisir entre une politique vulgaire et servile, qui le rendra le stipendiaire de l'Angleterre et le premier instrument de la suprématie maritime de cette nation, et les vues vraiment grandes et libérales de son auguste père et de son illustre aïeule, dont le système le rendroit bientôt le libérateur du continent et le véritable arbitre de la paix générale.

Cette position mérite sans doute de la part du nouvel empereur les plus graves et les plus profondes réflexions; les amis de la gloire de la Russie ne peuvent guere être en balance, et ceux qui se vanteroient de leur zèle pour son repos n'auroient-ils pas

____

(1) Heureux ou exécrable peuple dont les ennemis meurent si à propos ! Ceux qui ont des têtes précieuses à conserver doivent redoubler de vigilance. *Dii meliora piis.*

quelque raison honteuse et secrète, véritable mobile de leurs conseils ? Si le jeune empereur les suit, ne sacrifiera-t-il pas la gloire future de son règne à quelques instans d'une fausse popularité ?

Quoiqu'il en soit, nous Français tour à tour loyalement combattus et sincèrement honorés par le souverain que la Russie vient de perdre; nous qui avons partagé tous les sentimens que lui témoignoit le héros dont l'estime nous semble un si grand bien, nous devons quelques larmes à sa mémoire; l'Europe en répandra quelque jour d'amères sur sa tombe, si son système est abandonné; et quelles que soient les sensations qne fait momentanément éprouver en Russie une mort si prompte, si terrible, et qui donne tant à penser, elle n'en est pas moins un événement de la plus haute et de la plus sinistre importance, et peut-être une irréparable calamité pour l'Europe, dont aucune nation ne peut l'apprendre avec indifférence.

Finis ejus luctuosus... extraneis etiam,
Et ignotis non sine curâ. . . . . (TACITE.)

H. C. N.

L'éditeur Anglais, annonce que les pièces officielles véritablement intéressantes dont il est question dans le mémoire ci – dessus, et dont le plus grand nombre ne paraît point avoir été généralement connu, sont actuellement sous presse, et seront publiées au plutôt.

Pour la commodité des acheteurs du premier numéro, ces pièces officielles complèteront le numéro 2, qui sera vendu séparément.